Mme Veuve L. G. B.

VOYAGE CIRCULAIRE

EN ITALIE

EN VENTE
CHEZ LES PRINCIPAUX LIBRAIRES

1874

NICE. — IMPRIMERIE NIÇOISE (ASSOCIATION OUVRIÈRE), VERANI ET Cie
Boulevard du Pont-Vieux. 32.

VOYAGE CIRCULAIRE

Quitté Nice l'enchanteresse, le 26 février ; Nice au soleil bienfaisant ! aux vertes promenades en hiver, au printemps plus vertes encore et toutes fleuries. Je n'ai point encore habité cette ville en été ; j'y vais rester pour en parler. L'automne y ressemble au printemps. Donc, adieu momentané à Nice cette ville du repos et du plaisir !!

Arrivée à Menton, même jour.

Après avoir revu ce coin merveilleux de la Corniche, entre Monte-Carlo et Roquebrune, tous ces petits golfes du grand golfe méditerranéen, qui sont charmants et ajoutent au pittoresque des gigantesques monts dont ils baignent les pieds, s'avancent çà et là, sous des formes fabuleuses, dans la mer aux bleus et verts reflets.

Menton, que j'ai peu vu, m'a paru offrir toutes les ressources nécessaires à la vie aisée et même confortable, moins étendue, moins luxueuse que Nice, son aspect, du côté de la mer, la copie un peu. Elle a sa petite promenade des anglais, son petit Villefranche d'aspect, à gauche, et, à droite, à l'horizon, on pense trouver le Var ; bref, c'est une petite Niçoise.

Menton est un citronnier ou un oranger, choisissez, bien encaissé dans ses hautes montagnes, qui le préservent des perfidies du changement de température soir et matin, perfidies souvent à redouter à Nice. Donc, il fait bon pour les malades, sérieusement malades ; assez de distractions pour ne point s'y ennuyer et pas assez pour fatiguer, à qui ne sait résister aux plaisirs de toutes sortes qu'offre Nice la française ! Les gamins de la Normandie diraient : Elle dégane Nice. De cette ville à Gênes, on suit la route de la Corniche. C'est une suite d'étonnements, d'épouvantements et d'enchantements que je ne peux traduire que par un millier de points d'exclamations ! ! ! ! ! ! ! ! ! ! !

Ces déchirements de la nature, ces effondrements que l'homme a encore effondrés pour y creuser et tracer une route, offrent des hardies témérités ! Il y avait des instants où je me suis demandé s'il n'y avait point audacieuse folie à lancer ainsi sur l'abîme, ce long, lourd et rapide wagon, que déjà il avait fallu quitter pour un tunnel écroulé. Et tous ces tunnels si longs à parcourir: comme si l'on voulait subitement se cacher les yeux pour ne plus voir les effrayantes hardiesses de la nature et celles du nain, l'homme, dans la vaste création, nain se faisant géant par ses travaux, qui le font vainqueur des énormités de la création de ce globe-terre, dont les spasmes, les épidémies, les jouissances et les enfantements, nous jettent montagnes et laves, torrents et embrâsements ; et des îles, des îlots, des mondes nouveaux enfin.

Me voici à Gênes la superbe, a dit le poète ou l'historien ; et il l'a bien nommée. Elle doit porter haut la tête, l'ancienne république marchande et guerrière à son heure, avec tous ses palais de marbre, ses illustres familles ! ses noms d'or ! ses artistes, n'aurait-elle que Paganini, le rossignol des violons !!!

Et Christophe Colomb ! inclinons-nous et rendons hommage à sa patrie qui n'est point ingrate ; elle le fait revivre sous toutes les formes : dans tous ses palais, ses monuments, ses rues et ses places.

« Christophe Colomb ! n'est-ce pas un monde !...
« Et son doigt le montrait ; et son œil, pour le voir.
« Perçait de l'horizon l'immensité profonde !

C. Delavigne.

Voyons quelques-uns de ces palais aux pavés de mosaïques : Durazzo, Doria, Royal, Balbi et l'Hôtel-de-Ville dans lequel on voit serrés, je dirai presque, *scellés précieusement*, le violon de Paganini et une lettre auto-

— —

graphe de Christophe Colomb. Tous ces palais sont remplis de peintures, de sculptures des plus grands maîtres. Les marbres y sont particulièrement beaux ! l'agate, le porphyre, l'albâtre et le bois y sont travaillés divinement, sans oublier le bronze.

Et les Eglises, admirons, la Cathédrale à l'extérieur : portes et portails ! l'Annonciation !!! Ste-Marie de Castello, Ste-Marie Dellavigna et beaucoup d'autres. Je n'ai pu les voir toutes.

L'Eglise de l'Annunciata, surtout, m'a ravie dans ma surprise ; je n'ai jamais vu de pareilles merveilles, sous le rapport de la disposition et de la décoration intérieures, car l'architecture de nos basiliques françaises est souvent supérieure. Je n'oublie point non plus Wesminster à Londres.

O grands et sublimes artistes, vous aviez la foi pour lui élever de pareils symboles !

Le jardin public offre une agréable promenade et particulièrement un joli coup d'œil hors de la ville.

J'ai vu peu ; en un jour, il était difficile d'en voir davantage, J'ai aussi voulu parcourir à pied quelques rues, du côté du port, pour me rendre compte des habitants, des habitudes, si, en si peu de temps, c'eût été possible. Je revois encore des palais ! l'admiration n'en peut ; elle est déjà hors d'haleine ! dès qu'on a le pied en Italie, il y a des merveilles à voir ; et depuis Vintimille je ne fais qu'admirer !

J'ai mis le pied sur le sol italien par un éclatant soleil ! je m'y suis trouvée en bonne société. J'ai fait plus particulièrement la conversation avec un gentilhomme : de manières, de tenue, toute sa personne, dit un homme de la bonne société.

Je le prends pour un russe à sa haute taille ; son physique, sa prononciation et à son esprit de conversation facile, quoique sobre de paroles, il n'en dit qu'à propos.

Mon russe, supposé, tousse beaucoup ; bien certainement il n'est point prussien, mon antipathie le devinerait. Cette toux me fait mal, je ne peux retenir quelques conseils, entre autres : manger des figues et en faire une boisson avec des raisins, etc., etc. A une station d'arrêt, de quelqus minutes, mon vis-à-vis descend et revient les mains remplies de petits paquets de figues, dont il m'offre avec insistance et amabilité, en y ajoutant des oranges.

Je retrouve sur cette route de Vintimille à Gênes une famille américaine que j'ai connue cet hiver à Nice, famille fort bien, avec laquelle j'ai été en relation de professorat. J'y revois mes deux belles élèves ; l'une, car l'autre n'est que fort jolie, mais c'est une perfection dans sa petite taille qui empêche qu'on ne dise belle. Hélas, cette dernière, Mlle Parish, a été fort malade ; sa grande pâleur trouble l'impression joyeuse que j'ai à la revoir. Qu'est-elle devenue? « Je ne la retrouve point dans le cours de mon voyage. » En arrivant à Gênes je la vis pour la dernière fois. Le temps affreux qu'il faisait, ne lui a-t-il point été fatal !... Sa pauvre mère qui commençait à se réjouir, tremble-t-elle de nouveau ? Oncle, tante, toute la famille, ne songent qu'à la protéger contre la bourrasque et la pluie torrentielle.

Mon aparté nous a déjà quittés depuis deux stations avant Gênes. Je regrette de le savoir disposé à passer la nuit en wagon avec cette toux et par ce temps.

J'écris cette page, hôtel d'Italie ou Croix-de-Malte, voyageur choisis-le, on y est bien et la société y est bonne. Je m'y trouve en même temps qu'un joli couple en lune de miel, que je retrouverai avec un véritable plaisir à Turin.

Ce 1er mars, je quitte Gênes, à 8 huit heures du matin, par un temps sec, un peu froid. La pluie torrentielle qui tombait avant-hier soir, à l'arrivée du train et n'avait cessé pendant seize heures, était remplacée par le vent, ayant séché promptement les rues. Nous saluons la statue de Christophe Colomb une dernière fois, là tout près de la gare, comme un monument à imposer aux yeux de tout voyageur à son arrivé et à son départ. Un dernier regard aussi au port, qui embellit la terrasse du palais Doria, dont le magnifique jardin se trouve coupé en deux par le chemin de fer. Utilité publique, tu as fait disparaître de charmantes et splendides beautés.

La route de Gênes à Turin m'a reposée, au départ, des effervescences gigantesques, et monstrueuses parfois, de la route de la corniche.

Là, les grandes excavations, les plaies, les épidémies, les suffocations et les éruptions d'un intérieur incandescent, d'une fournaise volcanique, ces éruptions, dis-je, ont été moins violentes; la fièvre brûlante moins vertigineuse. Les plaies se cicatrisent, un léger duvet de verdure a poussé çà et là dans les écartelures que le pied et la main de l'homme peuvent impunément parcourir et cultiver.

La terre dans ses sursauts, dans ses tressaillements, s'est éboulée, écroulée plus doucement et plus directement. Elle devait être en convalescence alors, toutes ses pentes sur les flancs de chaque mont, l'homme aidant, forment d'immenses terrasses, gradins cultivés, qui permettent de monter facilement jusqu'à la cime du mont, dont le front est couronné d'arbrisseaux verts et d'arbres qui donnent des fruits.

En tout, la nature moins ardente, a donné plus d'égalité.

Au gigantesque dénudé, excavé de ses flancs, a suivi le régulier hoquet, le soupir uniforme, annonçant que l'excès a pris fin.

A la 3me station nous voici en pleine neige : monts et vallées tout en est recouvert. Elle fait monceau de boue autour des rails. Nous ne voyons plus, au loin qu'un vaste linceul blanc à lames noires, le contraire du linceul de nos tentures mortuaires, dont le fond est noir et les larmes en argent. Cet immense drap blanc qui fait notre horizon, se fendille en se fondant de place en place; les larmes se font larges et noires. Bientôt la neige est remplacée par un intense brouillard, qui ne nous laisse plus rien voir ; à peine dinstingue-t-on les arbres et les maisons les plus rapprochées. Plus de montagnes, ni de vallées, nous voici en rase campagne : vrai pays de Normandie, de Belgique ou campagne de Pologne, des environs de Londres encore, on croit rêver et l'on se reprend à penser. Mais non, je suis en Italie.

Nous venons de traverser Alexandrie de la paille, je

crois, nous voici bientôt à Palestro... Eh ! oui, il me monte de tous ces endroits, des arômes de sang français, de tous ces milliers de braves, qui ne savent que verser avec effusion leur sang, ne disant jamais assez, pourvu que la cause soutenue dise : justice, humanité.

La ressemblance territoriale est frappante en ce moment avec nos campagnes normandes, nos petites aspérités dans quelques-uns de nos paysages. Il me semble reconnaître telle et telle ferme; là celle de Mery-Samson, si bien cultivée, c'est que l'œil du maître n'y manque point.

La propriété de Mme de Belzeaux, à Piencourt; si j'y allais recevoir son bon accueil ? Hélas ! serait-elle allée rejoindre sa fille Nathalie, cette amie de l'enfance, de notre première communion faite ensemble. Et sa petite fille qui m'aimait tant ! Pauvre et belle jeune fille morte à quinze ans !... Oui, allons pleurer avec son aimable et bonne mère Aline. Nous avons tant de tombes qui nous appellent l'une et l'autre près de la gentille église de Piencourt, où, pendant l'hiver de 1865-66, nous nous rencontrions le dimanche à la première messe. Voici bien les peupliers qui entourent sa propriété. Là, c'est Baïeul, la propriété de la famille Angot.... J'aimerais à voir monsieur et madame, ces excellents vieillards ! « Me voici, leur dirai-je, arrivée à l'âge que vous aviez quand nous courûmes tous les trois en descendant le côteau de votre joli verger. Le vin que nous portions à votre santé a dû vieillir aussi ; alors il doit avoir la préférence sur le fameux cidre ! Fumichon, je vous retrouve, Saint-Gervais, Cormeilles aussi ; c'est un peu plus accidenté maintenant. Il y a un petit côteau comme sur les Monts-du-Bourg Cormeilles devenu ville, grâce à M. Troplong, cet homme d'Etat d'autrefois.

Je vous revois toutes mes premières connaissances : le brouillard aussi épais, un peu moins froid ; les mêmes haies qui bordent les chemins ; le blé qui pousse et qui verdoie, avec les irrigations traversant les sillons, toujours comme chez nous.

Le brouillard se change en pluie ; les prairies vont encore être plus synonymement normandes. Il manque quelque chose cependant à ce panorama devant lequel et dans lequel s'est écoulée mon enfance, panorama auquel je m'attendais si peu dans cette haute Italie ; souvenir dont j'ai senti tout le prix dans mon voyage en tête à tête avec moi-même, à peu près jusque-là ! On ne peut être ingrate à ses premières années de bonheur vrai, sans falsification. Il manquait donc à ce tableau quelque bétail et quelques blouses bleues, quelques casques à mèches. Oui, le bonnet de coton auquel les femmes sont aussi fidèles que les hommes dans nos campagnes. Notre excellente race bovine dont les herbages étaient remplis, manque aussi à ce tableau ; nos belles et bonnes vaches laitières, beuglant, meulant, comme on dit, toujours vers les passants, d'un ton qui veut dire : approchez, soyez les bien venus.

Et puis, au bout du chemin, où est l'amitié, l'agape de famille, où j'avais toujours ma place ! Illusion, illusion, douce au souvenir et dont le mirage ne me fait retrouver que la boue, les ornières remplies de cette eau bourbeuse, pareille à celles de Cormeilles, de Moyaux, de Saint-Gervais et de Piencourt.

Ne nous plaignons point cependant, je tombe ou plutôt j'arrive directement grand hôtel de Turin.

Que disent donc, et que disait mon compatriote Tissot dans son voyage : de Paris à Magenta ?... Ont-ils médit donc, dans tous les pays, de la cuisine italienne.... Oh ! Messieurs les touristes, à plumes ou à langues de critique, vous ne vous êtes jamais assis à la table de la mytgologique salle de l'hôtel de Turin, autrement vous vous lècheriez les pouces et la cuillère à sauce, la fourchette, votre couvert, en un mot, quoique ce ne soit pas tout à fait usage du meilleur monde.

Dans quelles gargottes allez-vous messieurs les critiques ?...

Je descends moi, chétive, autant que possible dans les meilleurs hôtels par économie, économie de santé particulièrement. Le grand hôtel de Turin en face de la gare, est un petit monumemt que l'on devrait visiter quand même on n'y logerait point.

On m'a dit que l'hôtel Fœder lui est supérieur, comment donc est-il ? J'irai m'en assurer si jamais je retourne à Turin.

Parlons du splendide palais royal ! ancienne demeure des rois Emmanuel Phillibert, Charles-Albert, Victor-Emmanuel et de toutes les précieuses richesses qu'il renferme, sous formes artistiques des plus délicates, des plus variées et des plus riches.

J'ai admiré tout particulièrement dans un salon de portraits de famille, deux bustes en marbre : de la princesse Marguerite et de la princesse Clotilde Napoléon.

Pour décrire ces marbres, ces bois précieux, ces bronzes et ces pierreries, si parfaitement travaillés et classés avec un goût tout artistique; l'or, l'argent, qui vous fascinent dans ce palais merveilleux, il faudrait dis-je, une plume du plus fin, du plus pur de tous ces métaux pour en décrire les éblouissements.

Oh ! grands maîtres dans les arts ! nobles Italiens, Dieu vous a touchés comme les lèvres d'Isaïe, de son doigt de flamme ; et tout ce que vous touchez du ciseau, du pinceau ou de la note, est divin ! On est au ciel dans vos palais et dans vos églises.

Celles de Turin sont remarquablement belles pour la plupart ; l'Eglise de la Consolation, des Miracles, des Martyrs ; deux autres places du Palais Madame, dont j'oublie le nom. Il y a des tableaux d'un grand mérite et des premiers maîtres. De jeunes filles font le catéchisme à d'autres jeunes filles dans les chapelles de ces églises, pour les préparer à leur première communion. Une journée seulement passée à Turin m'impose silence sur les magasins, les longues rues bien alignées... C'est l'aspect d'une grande ville; peu de monde dans les rues. Toutes les villes vous paraissent telles après Paris, où il semble que tout le monde soit dehors. Et puis comment visiter : de la pluie, toujours de la pluie...

Ce que j'ai vu me fait croire que longtemps Turin se souviendra de son origine et de ses grandeurs royales ! D'ailleurs, presque toujours, quelques membres de la famille royale l'habitent. De Turin à Milan, route qui n'augmente point mes connaissances, je n'y trouve que la ressemblance grande avec les campagnes du Nord.

Quelques champs assez étendus où l'on enfouit, en labourant, la paille du riz récolté ; elle sert d'engrais à la terre.

Un endroit de cette route que je fais, depuis deux ou trois stations, avec une bonne religieuse de St-Joseph, me devient fort intéressant. C'est Novare, et plus loin, Magenta où se sont mêlés, pour arroser ces plaines, le sang français et le sang italien. Et par toute l'Italie aussi, je crois que les soldats se souviennent : à leur amabilité, à leur obligeance pour les Français, on peut le penser. Ils sont presque les seuls.

J'avais détaché, d'un collier de jais, une croix que je voulais déposer à Magenta. J'en fus déconseillée, puisque je ne pouvais l'y porter moi-même. La sœur me dit qu'elle serait perdue sans doute. Je me soumis, le cœur non satisfait, à ce conseil, me promettant, au retour, de prendre mon temps pour aller y déposer croix et fleurs, oubliant que le billet circulaire ne me permettait point de revenir par la même route.

A dix heures du soir, lundi 2 mars, j'arrive à Milan. C'est l'entrée d'une grande ville. Paris, si l'on veut. Mais l'intérieur des maisons, des hôtels, ce n'est plus cela, c'est autre chose, malgré quelque ressemblance çà et là.

Le lendemain, ma première visite est à la Cathédrale : suite d'admirations et d'enthousiasmes !!... de contemplation! On est écrasé sous ces voûtes de marbre ! On est si petit près de ces piliers grandioses ! ces mille colonnades dont la réunion forme ces formidables piliers-colonnes, soutenant tout le poids, avec les cintres, les arcs-boutants, de cet immense monument ! Ce taillis d'ouvrages artistiques et gothiques ; cette forêt de saints, qui se comptent par milliers : dedans, dessus, dehors et partout ; ces promenades en pierres, taillées à jour, sur le toit. On se perd par tous ces escaliers de clochetons, qui vous conduisent au faîte du sommet de ce chef-d'œuvre : la cathédrale de Milan !... Impossible d'entrer dans tous les détails qui font de chaque tableau, de chaque pierre, une œuvre parfaite ! Je ne pense point que tous les volumes écrits sur cette imposante parole du christianisme, nous aient jamais dit tout ce qu'il y a à dire et à voir dans ce puissant article de foi !..........

...Où en étais-je, où en suis-je de mon circulaire voyage au pays des chauds rayons ? dit-on, car j'ai eu froid et même très-froid à Milan, plus tard à Venise, à Florence et même à Rome où j'ai eu plus froid qu'en France, à Nice et à Hyères, s'entend... Et cette température, toute boréale, en Mars ! Ah ! j'en étais restée au dôme de Milan ! à ces nichées de saints défenseurs de la foi, attachés là à l'un de leurs plus puissants symboles !

Mais vouloir narrer ce qui est inénarrable, est insensé, surtout quand on n'a passé que quelques heures à parcourir et à regarder un monument qui demande des jours, des mois et plus, pour se rendre un peu compte de ce langage biblique, évangélique et légendaire, écrit avec la pierre, le bronze et le marbre, sans parler de la peinture qui a la parole non moins éloquente dans le Saint-Parvis.

Rien que l'extérieur : cette innombrable armée de saints qui l'entourent, dispersés par groupes, par rangées, seul à seul ; les uns en haut, les autres en bas : sur une ogive, dessus, dessous, tout à l'entour et partout. Encore une fois, des nichées de ces historiens sacrés : prêtres, évêques, orateurs, apologistes, fondateurs, missionnaires, pontifes et martyrs : les uns armés du livre, d'autres de la lance ou de l'épée ; d'autres encore infatigables dans l'art oratoire ou versant leur sang pour la grande et sainte cause chrétienne. Rien que cet extérieur demanderait une année, sans vacances, pour être analysé.

Comme le roi philosophe, le matin au Dôme, le soir à la Scala, entendre du Shakspeare, Macbeth, une musique étourdissamment belle ! On est électrisé. Les chœurs sont si parfaitement exécutés ! Quels acteurs ! et quels chanteurs !... Et quelle radieuse cantatrice, quelle excellente méthode et quelle ampleur de voix ! J'ai entendu des hommes se plaindre de l'ampleur de sa personne, mais quand un pareil organe s'y trouve renfermé, on doit tout admirer, et ce n'était pas difficile car l'enveloppe de la diva était belle. Elle a nom Stricci Baraldi.

En allant de la place à la Scala, on voit sur cette place la statue de Michel-Ange, entouré de ses disciples. Il faut voir ce monument, et ne point oublier les Galeries de Victor-Emmanuel, uniques, je crois, en Europe. Ces prodigieux dômes de verres offrent une promenade recherchée ; ils renferment de jolis magasins de toutes choses. Entre Hymne et Scala, j'ai visité le Jardin-Public fort joli ; le Cours, promenade remplie d'élégants cavaliers, d'habiles amazones... C'est là qu'on voit tout le beau monde et il y en avait beaucoup... J'y ai fait la rencontre d'un aimable vieillard de la ville, qui, avec beaucoup d'obligeance, m'a remise dans mon chemin, un peu perdu dans ma mémoire. Nous avons visité ensemble l'Eglise des Anges, où se trouvent de beaux tableaux de grandeur colossale. J'ai appris de cet aimable philosophe chrétien, que n'étonnait plus la roue de la fortune, dans son rapide élan, qu'un monument s'élevait à Milan, à la mémoire de Napoléon III... L'ingratitude fait là, place à la reconnaissance. Si je savais le nom de ma bonne rencontre, je vous le dirais, mais je l'ignore et regrette de ne le lui avoir point demandé. Nous nous sommes contentés de nous féliciter mutuellement de notre rencontre.

J'avais eu, pour faire ma journée plus complète, mon petit brigandage (j'avais été la victime). On m'avait arraché ma poche renfermant mon billet circulaire, une centaine de francs, portefeuille et porte-monnaie renfermant des adresses et des lettres auxquelles je tenais beaucoup. Je ne pouvais me résigner à soupçonner de vol les personnes avec lesquelles je m'étais trouvée sur les toits de la cathédrale, car c'est là que s'était commise cette mauvaise action. L'idée du vol me répugnait tant à croire, qu'un moment je crus que c'était une leçon qu'on avait voulu me donner au début de mon voyage... Si c'en est une, elle me coûta douze francs et beaucoup d'ennuis, après lesquels la poche cachetée, intacte pour son contenu, me fut remise par M. Auguste Rauterhus, Vaudredange (près Sarrelouis). Je copie sa carte, qu'il me remit en même temps que ma poche, au moment où il montait en omnibus du chemin de fer pour repartir.

Je ne sais comment ce monsieur qui était avec nous au haut de la cathédrale, avait trouvé cette poche et n'en avait parlé à personne, l'emportant à son hôtel sans mot dire, où je dus courir après lui. De sa part, je ne reçus aucune explication sous prétexte qu'il ne parlait qu'allemand. N'importe, je le remercie de nouveau. Un moment je crus que ce serait moi qui serais prise pour la coupable, à la manière désagréable dont on recevait ma réclamation et ma plainte, surtout par l'un des hommes qui étaient à la porte de l'escalier conduisant à la tour et qu'on paye pour cela. Mais à la plainte que j'en fis à un monsieur et à une dame, montés également au clocher, plainte et demande qui furent écoutées avec bonté. Sur l'indice de mon portefeuille et de ma poche, tout fut retrouvé à l'instant. Ce monsieur et cette dame, par leur parfaite distinction, paraissaient appartenir à la classe élevée. Je regrettais de n'avoir pas pris, dès le matin, un guide dont le soir je fus fort satisfaite.

DE MILAN A VENISE

Je retombe dans les montagnes, si variées de forme et d'aspect. En voici une au haut sommet tout dénudé, à l'exception d'une petite couronne toute verte, sur l'extrêmité du faîte. Enfin, je wagonne d'étonnements en enchantements. Voici un gigantesque mont, c'est le géant de la montagne ! Quelle épaisseur de neige l'enveloppe ! Bien certainement, il est allé la prendre lui-même au reservoir des nuages, qu'il aura crévé avec sa tête s'élevant au-delà.

Je parle un peu à l'envers de la science qu'on oublie devant ces magnifiques tableaux de la nature.

Une charmante et jolie compagne de voyage, la femme d'un capitaine de Pavie, m'indique la campagne de Solférino, à l'endroit à peu-près où gisent sur le sol étranger tant de soldats français ! pauvres martyrs !!!... Il me semble que mon cœur me montre l'endroit précis où un monument de souvenir funéraire leur est élevé. En effet, me dit cette dame, ce doit être là. Je leur envoie mes pensées les plus pieuses ! Magenta ! Solférino !... Honneur ! Honneur ! alors..... Et lui aussi, notre glorieux Empereur alors ! gît aussi sur le sol étranger !!!

J'arrive au beau lac de Garde ; bien des promenades y convergent. Il est entouré de jolies habitations ; ce doit être délicieux en été !

Ma jeune compagne, depuis Milan, me quitte ; nous sommes amies, elle doit m'écrire. Je suis deux stations seule, bientôt une famille de distinction prend place dans mon wagon, je pense que c'est un père avec ses trois filles et leur institutrice ; ma pensée se confirme. Ils sont tous fort empressés pour moi jusqu'à Venise, où nous arrivons ensemble vers dix heures et demie, c'est une famille russe que je retrouverai avec plaisir à Rome.

Venise, je te salue !...

L'impression que j'éprouvai fut plus sombre qu'émerveillée : c'est qu'il était onze heures du soir, que je fus portée avec mes bagages dans une noire gondole, qui a quelque chose de lugubre comme les voitures des pauvres pour les enterrements à Paris et dans toutes les villes de France, dans le Nord en général.

Nous passons par une suite d'étroits canaux, où, çà et là, se croisent quelques gondoles faiblement éclairées. Et puis à chaque tournant du canal, le cri assez désagréable d'un gondolier, afin d'avertir celui avec lequel il pourrait gondoler (se heurter). Et puis encore, le froid me gagnant, un rhume dont l'immersion se faisait sentir ; ma voix de nouveau perdue, tout cela me disposait mal. L'imbécillité ou plutôt l'ivresse, je crois, du maître d'un hôtel qu'on m'avait recommandé comme le premier de la ville, ajoute encore à cette disposition plus triste que riante, à propos de Venise si vantée !.....

Me voici dans un hôtel-restaurant, également recommandé, moins grandiose, qui ne me plaît point d'abord ; une odeur nauséabonde, à la porte de ma chambre, me fait reculer et m'écrier. C'est l'odeur du canal, vous vous y habituerez, me dit-on, jamais, c'est ma réponse et toute ma conversation avec le domestique français, chargé de me conduire et de prendre mes ordres. Bonsoir, lui dis-je, à peine entrée dans ma chambre. Me voici réconciliée avec la maison, ma chambre est grande et confortablement meublée, il y a même un lit de trop, j'y dors bien, sans avoir ni soupé, ni dîné ; mais nous sommes en Carême et j'ai grignoté en wagon. Good nitgh.

Le lendemain tout change, tout devient enchantement !

De Capello-Nero, mon hôtel, je suis en deux pas sur la place St-Marc !!!! Il y a là cependant une tour que je voudrais déplacer, ce clocher, ce campanile, nuit à l'œil. Quel joli salon que cette place St-Marc ! l'après-midi à l'heure de la musique; le soir c'est féerique ! c'est un salon avec mille autres, une salle de concert fort animée avec d'agréables friandises, présentées élégamment; c'est ravissant, ma foi ! quelles douces heures de sieste on passerait là et c'est ce qu'on y fait, tout en prenant d'excellent café ou des rafraichissements.

St-Marc, Chiazza, Eglise, il faudrait tout le carême pour vous admirer en détail et je ne vous ai vue, magnifique Cathédrale, que deux fois, à la hâte. Et le Palais Royal avec ses élégants et somptueux appartements ! sa vue splendide ! Et le Palais ducal des doges, la salle du Conseil où se trouvent tous les portraits des doges, avec les tableaux les plus rares : Titien ou Tiziano, Tintoretto, Bassano, Véronèse, Sansovino y sont grandement représentés..... Et les Eglises, en général, comme elles sont belles, somptueuses ! Je n'en puis plus, je succombe devant tous ces marbres tordus, pliés, plissés, tuyautés, brodés, priant, pleurant, suppliant et gémissant... C'est à vous fondre en larmes, à vous briser l'âme ! En voici qui dorment éternellement ; d'autres se révoltent, frappent et tuent. Et toutes ces couleurs diverses de ces marbres si riches !... Quelle profusion ! des salles entières pavées de mosaïques ! que de mosaïques ! Et les dorures, quelle épaisseur elles ont ! C'est là que Denis le tyran les trouverait trop lourdes en été et trop froides en hiver, s'il revenait de trépas à vie. Que d'or ! que d'or ! J'en suis toute éblouie ! Grâce ! J'ai besoin d'air, sortons. C'est assez pour aujourd'hui de toutes ces couleurs si artistement fondues et variées, pour n'en faire qu'un tout, plein d'harmonie !

Mais que vois-je, lancés dans les airs sur des pignons sculptés, tout ornementés, sur ces milliers de colonnettes ? Une pluie, une grêle de personnages, d'artistes, de noms tirés de l'histoire ; qui ont illustré la plume ou le pinceau, le ciseau : législateurs, orateurs, moralistes ! grands inventeurs, hommes utiles enfin !... La pierre en monuments redit vos noms, en nous donnant votre image devant laquelle nous nous inclinons avec admiration et respect ! Artistes ! dieux de cette terre, je suis fatiguée de vous admirer et je veux encore voir...

Encore une Eglise, deux, trois, etc., etc. Ste-Marie des Frères, St-Georges, la Salutate, St-Zacharie, St-Moïse... assez, assez... Et l'Académie ! Je suis en extase dans la salle des Veronèse, des colonnes, des tableaux et de l'Assomption ! Et tant d'autres toutes resplendissantes d'or, sous toutes formes des plus artistiques ! autant vaudrait copier le catalogue ! Des marbres incomparables, des mosaïques ! toujours et partout. Et je n'ai point déjeuné, et le chemin de fer... Il faut regarder en courant et partir.

Et le Musée, l'Arsenal d'artillerie par lequel j'ai commencé ma matinée de visites, et dont la belle façade vous attire. Là se trouve le buste de Napoléon Ier : les clefs d'or de la ville qui lui furent présentées, le Bucentaure, gondole qui le porta. Toujours et partout revit l'image immortelle de notre héros. Lamartine l'a dit : « Demandez à la terre ce nom... Il est écrit des bords du Tanaïs au sommet du Cédar ! » Dans la galerie célèbre, à juste raison, de l'artillerie de Turin se trouve l'épee de l'une de ses héroïques batailles, Marengo ; un cœur en or est posé dessus.

Grand nombre de trophées de la bataille de Lépante se trouvent dans le musée d'artillerie de Venise, comme dans celui de Turin.

Ah ! passons sous silence cet affreux Pont des Soupirs, et ces cachots de prisons : celui de Marino Faliero ; j'ai pensé y étouffer pendant les deux ou trois secondes que j'y suis restée. Comment donc étaient construits ces hommes qui vivaient là des mois, sans lumière et sans air ?!!! Et la mort supprimée serait un humain progrès ! Oh ! non, plutôt mille morts qu'une année, un mois, de ces horribles tortures.

Quand donc parlerai-je du plaisir des gondoles ; du bonheur d'aller bercée dans ces petits trains de plaisir de l'onde aqueuse, en plein soleil, sur le Rialto-Grande ; d'y contempler Venise qui vous présente sa façade de Palais, vers laquelle vous vous avancez, en revenant des mille promenades qui vous en avaient éloigné pour quelques instants ou pour quelques heures, selon la promenade choisie.

Il faut vous quitter, Venise la belle, puissante Bellone d'un autre âge ! Je vous ai admirée trois jours, presque entiers. Le balancement de vos gondoles me poursuit la nuit, c'est peu amusant toutefois. Je vous quitte en disant : vous n'avez ni le galop du cheval, ni le chant des oiseaux, vous n'avez que le roucoulement de vos milliers de pigeons, et vos violettes sont sans parfums, peu de fleurs. Il me semble même qu'il y a moins d'enfants qu'ailleurs. J'y ai vu peu de chiens et pas un chat. Et, à ma joyeuse surprise, pas un rat dans une ville d'eau.

A Florence, 7 mars.

Mes yeux se réjouissent, c'est l'arrivée d'une grande ville *sur terre*. Malgré l'heure et le silence de la nuit, on s'en aperçoit. Un brillant clair de lune me permet de voir la régularité de ses longues rues. Belle arrivée sur l'Arno, hôtel de la Victoire... 8, c'est dimanche, reposons ma vue. Entendons la messe, tête inclinée, pour ne point voir les peintures, les marbres et les dorures ! J'ai l'ophtalmie de l'or. Allons respirer l'air ; parcourons les promenades ; comme elles sont spacieuses ! L'air y est pur et bon ; un peu sec et froid pourtant. La terre y est altérée ; elle demande à boire, à boire.... l'eau manque. La promenade de Tivoli est ravissante !

Comme elle sera délicieuse dans un mois, au mois de mai plutôt, car il fait froid à Florence en mars. C'est comme à Paris. La vue est fort belle de cet endroit : San-Miniato . Ah ! voilà que je retombe dans les marbres... Eh, quels marbres ! Là où je ne voulais que saluer la poussière humaine de cette ville qui a donné, au monde, tant d'hommes de génie : Dante, Galilée, Michel-Ange, Alfieri, les Médicis etc., etc... Florence, l'Athènes moderne enfin ; entrons dans ce temple ex-payen, consacré aujourd'hui aux sépultures chrétiennes. Ce temple, étrangement beau p.r lui-même, est rempli entièrement, du haut en bas, tout le long des murs, de pierres tumulaires, de tombeaux sculptés avec cet art qui divinise en l'éternisant, le marbre de ceux qui s'y trouvent renfermés.

J'ai remarqué dans l'enclos de ce Campo, San-Miniato, un arbrisseau funéraire d'une étrange et patiente végétation... C'est un petit saule pleureur fait au crochet ; quelle patiente et pieuse main il a fallu pour terminer cette œuvre. Peut-être plusieurs mains pieuses se sont réunies pour l'élever à une mémoire chère et vénérée.

Revenons par la place de Michel-Ange tout entourée de statues, dont la 1re est celle du maître ! C'est une des plus belle places de la cité Florentine ! de cette place, la vue en est superbe ! Les fontaines sont admirables ! celle de la place *della Segnora*, fontaine de Neptune, sur laquelle est une statue de ce dieu, haute de six mètres ; sur cette même place se trouve le David de Michel-Ange. C'est une magnificence que cette fontaine ! Il n'y manque que de l'eau. L'Arno n'occupe que la moitié de son lit, comme tous les cours d'eau du Midi, quand ils ne se contentent point du quart et moins encore, comme le torrent Paillon à Nice, dans lequel les blanchisseuses lavent et sèchent leur linge, boivent, mangent, se promènent, y gardent leurs chèvres... On peut y faire son ménage sans se mouiller les pieds. Elles pourraient y coucher, sans crainte d'être réveillées par l'eau de ce torrent. Voici encore d'autres promenades aux belles avenues de peupliers. Tout cela encore une fois doit être ravissant en été... Cocher, aux Cassines :

Cette promenade, par son étendue, peut rappeler nos belles promenades du bois de Bologne et du bois de Vincennes... C'est moins beau cependant, quoique magnifique. Le petit bois qui se trouve au milieu, n'approche point du bois de Boulogne, malgré l'abatis, la taille forcée qui en a été faite pendant la néfaste année 1870.

Les Cassines, c'est le rendez-vous de la société élégante et riche. Toutes les voitures et les armoiries s'y voient comme aux Champs-Elysées, avenue de l'Impératrice ; mais deux voitures suffisent pour aller de front dans cette promenade avenue. De là on voit la campagne et les monts qui l'environnent.

Cette longue promenade, dont une partie est réservée aux piétons, entoure : là, un bosquet, là un jardin, un petit bois, de petits vergers, des jeux, des théâtres, des restaurants, toutes sortes de divertissements, rendez-vous de plaisirs du dimanche et des fêtes, où les uns viennent voir ceux qui viennent pour être vus. Chaque jour, de trois à cinq, six heures, suivant la saison, le défilé des voitures et des promeneurs commence. Il est probable qu'en été, la promenade se fait l'après-dîner.

Il y a au centre de cette promenade : squares, vieux taillis d'arbres, dont plusieurs doivent être centenaires : eh bien, ces arbres ont une étrange infirmité, à moins que d'aucuns ne trouvent cela une beauté. Ils ont tous l'air de montrer leurs entrailles, une plaie béante, ouverte sur leur estomac, en comparant cette place à celle qu'occupe celui de l'homme. Cette espèce d'infirmité tiendrait-elle, à ce que des lierres poussent à la même place, en mêlant leurs racines aux leurs, grossissant à devenir arbres à leur tour, et semblant prendre à la gorge celui que chacun d'eux enlace de ses branches et de ses feuilles s'épanouissant tout à l'entour; de manière que leur mille branches et leur énorme tronçon font presque disparaître celui de l'arbre entouré.

Lundi, 9, visite à la cathédrale et au Dôme ; je ne détaillerai ni l'extérieur qui m'étonne et dont l'architecture et les milliers de compartiments en marbre de couleur blanche, verte, noire, demandent d'autres connaissances que les miennes, ni l'intérieur avec ses autels si richement ornés et sculptés, tous ces tableaux de maîtres, etc., etc. Le baptistère, autre petit Dôme, tout à côté, est du même style, un peu plus ancien je crois, et dont les portes de bronze sont des merveilles ; c'est de l'une d'elles que Michel-Ange disait qu'elle méritait d'être la porte du Paradis. Toute l'histoire Sainte se trouve représentée sur cette porte dans un fini de détails merveilleux.

Parmi les noms immortels qui ont travaillé à ces chefs-d'œuvre, le Dôme et le Baptistère, je n'en dirai que quelques-uns : Giotto, Philippe Brunelleschi, Michel-Ange, Della Robbia, peintres ; Ghiberti, pour les bas-reliefs ; Donatello, sculpteur, ont donné les dessins des admirables vitraux. Pisano, Aretino Nicolas et tant d'autres ont contribué de leur immense talent à ces œuvres de génie ; et pour en finir avec toutes ces églises que j'ai vues, je dirai tout simplement que les artistes italiens ont fait descendre le ciel dans ces églises. Il est impossible que ce soit plus splendide et plus divin au Paradis ; ainsi l'Annonciation Ste-Marie-Nouvelle et Santa-Croce (Ste-Croix) ! quelle plume il me faudrait pour énumérer toutes ces pierres tumulaires, ces tableaux, ces guirlandes d'anges, tous ces bas-reliefs et tous ces beaux marbres ! c'est qu'aussi Santa-Croce renferme les tombeaux de ces génies divins qui ont nom : Michel-Ange, Dante, Alfieri, Galilée et tant d'autres si pieusement et si artistement honorés. Et tous ces autels chefs-d'œuvre de sculpture, d'ornementations où ruissellent or et pierreries !! Et quel choix de marbre, tout cela est inénarrable, il faut voir ; j'y ai vu de somptueux tombeaux de polonais, entre autres celui d'une comtesse Zamoïska. Il est d'une ravissante beauté ! Toute une chapelle, famille Bonaparte, élevée par une mère à la mémoire de sa fille, Charlotte Bonaparte, avec cette simple épitaphe si éloquente : *Elle a vécu digne* de son nom ! Mère et fille y reposent toutes les deux maintenant.

A Ste-Marie Novella (nouvelle), après avoir admiré l'église, j'ai parcouru le Santo-Campo du cloître qui est immense ; c'est une suite de Campos ; champ sacré, j'y suis restée plus d'une heure, errant de tombeaux en tombeaux sous les arcades. J'y ai trouvé quelques noms français, dont l'un Boulard a plus particulièrement attiré mon attention, c'est celui de la religieuse qui a dirigé ma première éducation, au temps de ma première communion.... Temps heureux comme vous êtes loin, et pourtant nous vivons encore toutes les deux : Mme

Boulard à Lisieux sous le nom de sœur. St-Louis de Gonzague.

J'ai aussi visité la chapelle espagnole qui s'y trouve attenante; elle a son mérite tout particulier, quand il n'y aurait que ses belles fresques, elle mérite être visitée; ses fresques représentent, avec la vie de plusieurs saints, l'histoire de l'église. la théologie, les vertus et les sciences.

GALERIES DE FLORENCE

Qui n'a point vu les galeries de Florence, ne peut comprendre jusqu'où s'est élevé le génie de la peinture et de la sculpture : admirons ! admirons toujours !!!....

Le temps, le temps avec ses grandes ailes électriques ne nous laisse point celui de voir.... La sonnette! que veut-elle dire ?— Elle avertit qu'on n'a plus qu'une demi-heure pour terminer sa visite, et pourtant je veux parcourir entièrement les galeries remplies de chefs-d'œuvres. Je veux voir le palais Pitti de l'autre côté de l'eau, sans sortir de ces galeries par lesquelles on y va. C'est la voie, le chemin des arts. Des anglais et des anglaises reculent devant ce trajet, je ne le ferait point : j'irai ; mais il y a un quart de lieue, il faut passer par dessus les maisons, l'Arno ; n'importe, je cours tout en donnant un coup d'œil bien rapide à chaque tableau, dont les murs sont recouverts : au dessin,au crayon, à la plume, de lithographies. d'aquarelles, d'immenses tableaux en tapisserie de Florence. dont les unes représentent tous les grands faits de l'Ancien et du Nouveau Testament : la Bible, la mythologie et l'histoire profane s'y rencontrent. Je m'arrête devant un Christ au tombeau ! C'est parfait !

Je suis forcée de retourner sur mes pas ; je n'aurai jamais le temps de refaire ce long trajet, vite, vite. Il n'y a plus personne dans cette galerie. J'arrive dans les premières, tout essoufflée. Le porte-clefs est une galerie en avant ; je dois être enfermée, c'est sûr. Mais deux ou trois visiteurs prennent pitié de la retardataire, en restant en arrière aussi. Voici un peintre qui passe derrière moi, il faudra bien que le fermeur nous attende. J'avance, j'avance, ou plutôt je n'avance plus, les pieds s'y refusent et mes yeux restent attachés aux murs. M'y voici cependant, à la porte. Du bas de l'escalier on me crie : vite, vite, Madame. Il y avait encore là une porte à fermer. Et je cherche les fleurs que j'avais retenues. Le bouquetier est parti.

Ah ! je reviendrai demain, je n'ai point tout vu, ni assez vu.

En effet, il est demain, et me voici au Palais Pitti. Je commence par là. Voici d'énormes vases que je n'avais point vus, des galeries d'oiseaux. C'est le Musée d'ornithologie. De cette galerie, on voit le jardin, spacieux, richement planté. Cette verdure plaît aux yeux. Je revois les belles tapissséries, vues hier en courant. Je les analyse un peu historiquement. Comme cette barbe de Joseph d'Arimathie est bien faite ; comme la tapisserie l'a joliment frisée. Et ces saintes femmes ! Et ce sacrifice d'Abraham, etc., etc. Ce sont des in-folio qui se dérouleraient sous ma plume, si je la laissais dire tout ce que j'ai vu, tout ce que j'ai oublié ; mais non, plutôt ce que j'ai été forcée de passer sans regarder ! Quels salons magnifiques j'aurais perdu à voir si je n'étais revenue..... Tous ces Raphaël, dont l'un représente les trois Parques que j'apostrophe : Eh bien, paresseuses ! Ce n'est donc point encore fini ce fil qui me regarde et que vous, Atropos, négligez si longtemps de couper. Mais je ne vous en veux plus puisque j'ai vu Florence. Laissez-moi, alors, visiter Rome et Naples puisque m'y voici presque ; et puis après, finissez promptement votre tâche. Votre fil deuil a fait la mienne trop rude, trop lourde !...

Le souvenir plein de la chapelle des Princes ou des Médicis, j'allais oublier de dire tout le bonheur que j'ai eu à contempler toute cette magnificence de peinture et de sculpture, qui nous redit si pompeusement les noms de ces nobles parvenus du Moyen-Age. Parvenus ! qui ont si grandement illustré leur patrie et rendu à jamais leur nom immortel dans la politique, les arts, la littérature et dans ce goût si éclairé qui faisait de la cour de Florence, au XVe et au XVIe siècle, le modèle de l'éclat élégant et somptueux du génie dans les arts et la littérature. Jean, Pierre, *Côme*, Léon X, Julien et particulièrement Laurent, méritaient de passer à la postérité avec l'éclat de leurs noms, les épisodes brillantes de leur histoire, par la palette et le ciseau d'un Jean de Bologne, de Benvenuto Pierre et de Michel-Ange, qui n'étaient pas trop grands pour redire à l'admiration des siècles les traits de ces bienfaiteurs des arts, des sciences et des lettres.

Aussi cette merveilleuse chapelle, destinée d'abord au tombeau de Jésus-Christ, ne laisse-t-elle rien à désirer, excepté son achèvement.

Il faut partir ce soir, mercredi, après avoir passé quatre jours à Florence; c'est un jour de plus qu'à Venise et deux de plus qu'à Milan, quand il faudrait changer ces jours en mois pour visiter ces villes si intéressantes! si splendides!

Je quitte Florence où il pleut continuellement et torrentiellement depuis deux jours. Il est onze heures du soir; c'est la premiére nuit passée en wagon. J'ai pour compagne une Allemande de Berlin, elle prend ses aises; le compartiment entier, d'un côté, lui suffit à peine; elle prendrait volontiers les deux. Elle prend son petit ou son grand verre de rogôme en me tournant le dos et croit n'être point vue pour cet exploit. Elle est rouge comme pivoine; une humeur exécrable s'en suit. Elle l'exerce plus particulièrement contre une femme du pays, qui vient de monter dans notre wagon. Celle-ci, tout intimidée, se fait presque sa servante.

Mais comme la neige tombe, tombe! comme en Belgique, comme elle tombe dans le nord en général. Après une heure de cette tombée, on ne voit que du blanc. A peine, les cours d'eau, les torrents qu'on traverse, s'aperçoivent-ils. Tout est blanc jusqu-aux troupeaux d'ânes et des chevaux, dont on voit beaucoup sur ces côteaux, ces monts en pâturage; les bœufs et les vaches reparaissent aussi; depuis longtemps je n'en avais plus vus. Que de neige! que de neige! Habitante du nord d'un demi-siècle presque, je n'en avais jamais autant vu. Voici un mont qui ne paraît composé que de neige!...

Mais vraiment, le convoi a pris sa direction vers le Nord et non vers le Midi. Il est impossible que nous allions ailleurs qu'en Russie. J'ai froid ; la peau gercée jusqu'à crier, tant je souffre, d'agacement par cette température Sibérienne ! Et pourtant on crie à toutes les portières du wagon : Roma, Roma, Roma,

Dix heures du matin, 12 mars.

Je me jette dans le premier omnibus, dont le conducteur vient à mon secours ; cela se trouve bien, l'hôtel m'est recommandé et le maître a bonne physionomie. Et, quoique logée au premier dans un coin d'anti-chambre, car mon cabinet noir est pris dedans, son nom de chambre est de l'emphase! Malgré cela et son numéro 13, je dis que l'hôtel du Sud est un bon hôtel : table excellente, salon bien chauffé, salle à manger idem...... On m'offre à déjeuner à mon arrivée ; Oui j'ai faim ; mais laissez-moi me réchauffer avant toute autre chose. Il me faut près d'une heure pour y parvenir, et je suis à Rome ! Une aimable société anglaise et américaine me cède le foyer. Une seule dame, un monsieur plutôt, reste à le tisonner à mon intention. Il est deux heures, je suis installée ; j'ai déjà écrit deux lettres. Que faire par cette pluie et par cette boue? Pendant que j'interroge le ciel pluvieux et sombre, un clair de soleil traverse les nuages ! Vite une voiture, allons à St-Pierre du Vatican. Qu'en dirai-je ? !!! C'est le monument des monuments !... Le symbole de foi le plus puissant qu'a pu imposer la croyance chrétienne à l'incrédulité. Je n'essayerai point de décrire ce que j'ai éprouvé, en montant les degrés, en entrant sous le portique immense de cette imposante Basilique ! On regarde, on regarde encore. On entre et l'on continue à regarder, à tourner sur soi-même. L'enthousiasme est à son comble. Dans tout l'intérieur de cet édifice aux colossales proportions, partout et continuellement, c'est une beauté, une magnificence, un chef-d'œuvre !..... C'est la cinquième fois que je viens à St-Pierre, c'est donc le cinquième torticolis que j'ai ; autant de visites, autant de torticolis. Il y a tant à voir dans St-Pierre et j'ai tant vu ! Eh bien, non, je n'ai rien vu encore, rien examiné en détail. Une année suffirait à peine pour étudier, comprendre tous ces divins tableaux ! ces statues-colosses, ces tombeaux de pontifes qui reposent si majestueusement dans leurs splendides lits de marbre. Et chaque ornement de marbre, d'une si rare beauté, dit son mot biblique ou évangélique. Dieu est là ! Quelle radieuse peinture offrent tous ces tableaux ! Mais la sculpture, par sa majesté, me semble au-dessus de tout éloge.

La magnificence de chacune des nombreuses chapelles, vous force à y stationner. L'une des plus riches et des plus admirablement intéressantes, est celle du St-Sacrement. La chapelle de la Pitié ou la Ste-Vierge tient le Christ mort, est de Michel-Ange. Enfin la chapelle de la Présentation, où se trouve le monument des Stuarts, de Canova. Et celle des Fonts Baptismaux. On pourrait les nommer toutes, car dans chacune il y a un ou plusieurs chefs-d'œuvre, quelques grands noms de peintres et de sculpteurs s'y rattachent, vous sortez éblouie ! sans être allée pour cela au tombeau du St-Patron, gardien des divines clefs, qu'on voit représentées sur chaque colonne, sur tous les tombeaux et sur plusieurs tableaux, et toujours dans ces proportions immenses qui font du plus petit détail une chose grandiose.

Ainsi la colombe de l'arche, figurée sur chaque colonne de chaque côté de la grande nef, était prise par un visiteur, non français, pour une poule de l'espèce américaine ; mais non lui répondait sa femme, un peu plus catéchisée, c'est un coq. Mais où est la crête ? et le brin d'herbe n'était autre que le rameau de paix apporté par l'Eglise.

Comme la chapelle de la Piété et celle de la Présentation, le martyre de St-Sébastien par le Dominicain ainsi que le tombeau de la comtesse Mathilde par le Bernin, m'attirent souvent. Et le bénitier, m'y voilà pour la 6me fois ; et ce pavé de mosaïque représentant d'autres basiliques ! d'autres monuments !!... Et toute cette légion de prophètes et de saints, à l'intérieur et à l'extérieur! qui vous voit passer et repasser, semble vous dire : crois à l'Immortalité. J'aime le son des cloches, son qui s'y répète lentement, par intervalles. Ce riche et monotone timbre me paraît sonner l'Eternité. Chaque fois que je l'entends, je pense : « L'Eternité sonne !... »

A demain pour parler des villas, des musées, des Forums, des colonnes, des fontaines, des Piazza, places de cette ville éternelle, de cette ville au front catholique, de ce berceau du christianisme, berceau qui a pris les proportions d'un monde dans la ville même où il prit naissance.

Rome, que l'on nomme volontiers la ville aux sept collines, devrait bien se nommer aujourd'hui la ville aux colonnes ou aux Eglises. Il y a trois cent soixante-quatre églises. C'est dommage qu'il n'y en ait une de plus, chaque jour eût été sanctifié par un temple chrétien, ou représenté, comme il l'est, par un nom de bienheureux. Il n'y a point de jour où je n'en visite quatre ou cinq. Et toutes, presque, renferment leur chef-d'œuvre, quand elles n'en renferment point chacune plusieurs.

Après St-Pierre, je n'en veux citer que quelques-unes; à peu près dans l'ordre où je les ai vues : L'église du Gesù (Jésus) ; de St-Louis, roi de France, de la Trinité des Monts, due à Charles VIII, les Dames du Sacré-Cœur sont dans le couvent de cette église ; St-Pietro in Montorio, Ste-Marie-in-Transtevere, St-Pietro-in-Vinculis; Ste-Marie Majeure, Santa-Maria degli Angeli, Sta-Maria del Populo, Ste-Marie de la Victoire, Ste-Marie Inviolata, St-Jean de Latran et St-Paul ! ! !

Arrêtons-nous à cette dernière, que d'aucuns préfèrent à St-Pierre du Vatican. Quant à moi, je n'oublierai jamais que je l'ai visitée le jour de Pâques 1874, avant d'y entendre la messe, chantée dans une chapelle du Chœur par le chapitre des moines Bénédictins du couvent attenant à cette Eglise. Et je ne regrette même point les hectolitres de poussière que j'ai dû avaler, respirer, et les mètres cubes dont j'ai été couverte pour y arriver, ainsi que ma compagne, qui regrettait tant sa robe de soie noire, perdue, disait-elle, par cette avalanche ! Quels flots de poussière ! c'était le cas de se souvenir du premier jour de Carême à sa fin : « *Souviens-toi que tu es, etc., etc., etc.* » N'importe, j'aurais bravé les mêmes flots pour aller encore visiter St-Paul, hors des murs, si je fusse restée plus longtemps à Rome, au lieu d'en partir le lendemain.

Dans toutes ces églises que je viens de citer, il y a des magnificences de couleurs de vitraux, de peintures, de porphyre, de mosaïques et de granit ; des sculptures et des marbres de toute beauté ! Les ornements sont radieux ! La pierre prie et pleure. Les anges rient et s'envolent quand on veut prendre une de leurs plumes. Les saints sont en extase et vous y mettent. Jamais je n'ai autant prié pendant un Carême que pendant celui de 1874.

Nous voici dans les *Palazzi*, palais, avec leurs splendeurs ! Au Quirinal ! que de beautés et quelles beautés renferment ses riches salons ! aux peintures des maîtres de toutes les écoles. Quel excellent choix ! et quel noble goût y règne ! salons et salles sont d'une magnificence royale ! car c'est là aussi qu'habite le roi. C'est dans ce palais que Sa Majesté a reçu, au 25me anniversaire de son avènement au trône, les nombreuses députations qui sont venues le saluer de leurs vivats chaleureux ! Les jardins du Quirinal, leur fraîcheur et leurs jolies fontaines, reposent agréablement la vue.

C'est à regret que l'on quitte ces lieux enchanteurs !

Autre visite : A la villa Panfili, à son parc, à ses vastes jardins, ses bosquets et ses squares. Leur symétrie et la vue de cet endroit sont merveilleuses. Le prince Doria, auquel appartient cette villa, belle entre toutes, a fait élever un monument tout auprès, aux Français morts pendant la guerre de 1849.

Quittons cette forêt d'aloès, d'arbrisseaux, de plantes rares de tous les climats. C'est ravissant ! Et le soleil vous éblouit et vous chauffe aujourd'hui ; on y passerait des journées, avec bonheur, au lieu d'une après-midi. C'est le moment de parler des galeries du même prince Doria dans son palais de la place de Venise (Venezia); c'est le premier musée que j'ai visité à Rome ; c'est encore un choix parfait de peintures et de sculptures du goût le plus riche et le plus délicat ! Parmi les tableaux le plus précieux se trouvent des paysages de Salvator

Rosa; une Madeleine de Garrache; un paysage, chef-d'œuvre de Claude Lorrain; un portrait de Raphaël et une Vierge de Guide, etc., etc.

En revenant de la villa Panfili, il nous a été impossible cependant de ne point nous arrêter devant la belle fontaine de l'Acqua Paola et de ne point descendre de voiture pour entrer à Saint-Pierre-in-Montorio, rempli de chefs-d'œuvre. La dame russe, avec laquelle j'ai fait ces visites, y met beaucoup de complaisance, car elle est excessivement fatiguée et à beaucoup de peine à marcher.

Au palais Barbarini, j'ai passé une excellente matinée! Dans le beau jardin, multiple, d'abord; car c'en est un et plusieurs tout à la fois par toutes ses subdivisions. J'y ai cueilli des violettes avec permission et pour la première fois de l'année; j'y ai vu des fraises mûres. Il y a au bout de l'avenue de la porte d'entrée de ces jardins, une fontaine grandiose et artistique du nom d'Orphée et qui, comme ce dieu de la lyre, laisse échapper ses eaux de tous les côtés et de vingt manières diverses, comme le poète musicien laissait s'échapper l'harmonie des doigts qui faisaient vibrer sa lyre. Des jardins ombreux, parsemés de statues, de bustes, passons aux galeries; il est midi, elles sont ouvertes.

La galerie des statues : elle est pleine de chefs-d'œuvre; celles des tableaux qui n'en manquent point; entre autres : le portrait de la Fornarina, par Raphaël; Béatrix, de Guido Reno; la mort de Germanicus, par N. Poussin; J. C. parmi les Docteurs, d'Albert Durer; l'Esclave, de Titien; une Sainte Famille, d'André de la Sarthe. Ce sont, parmi une collection choisie, les œuvres qui m'ont le plus particulièrement attachée. Je n'ai pu, à mon grand regret, voir la bibliothèque.

Que dire de la villa Borghèse, dont le parc immense égaie et refraîchit la vue par tout ce qu'on y voit, l'horizon riant et printanier qu'on y a à chaque nouveau point de vue, dans ces vastes avenues, soit dans la villa même, soit sur les campagnes voisines : car il faut bien se reposer par cette promenade de celle qu'on vient de faire dans les splendides galeries, visitées d'abord.

Une salle surtout, entre une douzaine, toutes remarquables par les richesses et les chefs-d'œuvre qu'elles renferment. Cette salle à laquelle on court, qui renferme le chef-d'œuvre des chefs-d'œuvré, c'est la salle d'une Vénus qui a nom Pauline Borghèse, sœur de Napoléon Ier. On a passé rapidement devant l'héroïque frère, dans une salle précédente, pour arriver plus vite à la sœur, c'est qu'ici il s'agit d'art. Et Pauline, Vénus, est si parfaitement belle! Et c'est l'œuvre d'un si grand maître! Canova! Comment ne resterait-on point en extase contemplative devant ce double chef-d'œuvre : beauté, talent... Le marbre est de Carrare. Il y a également dans l'intérieur de Rome, des Galeries Borghèse, renfermant douze salles, qui m'ont paru ne renfermer que des tableaux du plus haut mérite. Je dirais volontiers de tous, des chefs-d'œuvre. Malheureusement j'ai dû les voir en courant, pour la moitié au moins, vu l'heure de sortir qui sonnait quand j'étais à peine entrée, me promettant bien de revenir le plus tôt possible; mais ce possible est impossible à Rome, où l'on est arrêté à chaque pas, par l'une de ces merveilles que l'on veut et qu'il faut absolument voir.

La cour de ce Palais a deux rangs d'arcades, soutenues par une quantité prodigieuse de colonnes. Les fontaines et les statues qui la décorent, sont fort belles!

De la villa Borghèse, revenons par la villa Médicis, l'Académie française, c'est le chemin. Ces deux villas se touchent de la main et de l'œil. Je l'ai déjà vue, mais on peut là voir deux et même trois fois, et Madame Kobiakoff, si obligeante, dans la voiture de laquelle je suis, ne l'a point vue, accompagnons-la donc. La vue en est splendide! C'est une des plus belles et des plus étendues qu'on puisse avoir de Rome, si l'on monte au Belvédère. C'est hardi d'y aller seule et sans aucun appui pour la main, quand on n'a plus 25 à 30 ans, mais qu'on a l'addition de ces deux nombres et qu'on n'est qu'une femme! Le vertige peut vous prendre en haut de cet immense escalier sans rampe, si vous regardez en bas, où il y a loin... Revenons, après avoir parcouru la longue avenue, au milieu d'oliviers séculaires, par la terrasse au-dessus de la galerie des antiques, galerie qui mérite bien que les prix de Rome viennent l'étudier. Je me trompe de porte ; j'ouvre celle d'une entrée qui va droit à une autre porte où je frappe de nouveau. Un bel adolescent vient l'ouvrir et répond à ma demande que les dames ne peuvent entrer, parce qu'il y a des modèles. On y pose en ce moment.

Il y a dans la villa Médicis de nombreux petits jardins qu'on pourrait nommer vergers, car ce sont des enclos de gazon, où l'on trouve assez de violettes dès les premiers jours de mars. C'est là que je cueillis le premier bouquet de la saison.

Les jardins, comme les haies qui les séparent entre eux, les allées, tout cela est d'une symétrie synonyme à faire croire que l'on est toujours dans le même. Deux avenues font exception. L'une qui termine la villa du côté du Pincio et ouvre par une grande et belle porte en fer sur ce jardin public. L'autre, de la longueur de tous les jardins, est bordée de statues, dont plusieurs mutilées ; elle a une fort belle vue du côté de la prairie et de la villa Borghèse. Au milieu du monument académique, sous le portique, se trouve l'inscription suivante : A Napoléon Ier, les Beaux-Arts reconnaissants.

Au Pincio, c'est là qu'avec la foule, j'ai eu l'honneur de voir et de saluer le roi. On faisait triple et quadruple haie sur son passage pour le saluer, la veille de son 25me anniversaire au trône. La santé de Victor-Emmanuel, comme son Royaume, paraît prospérer.

Le Pincio doit être l'une des promenades les plus belles et les plus suivies de Rome : par sa position ravissante, sa vue sur la place du peuple, centre de toutes les grandes revues et de toutes les fêtes nationales. La vue de St-Pierre du Vatican, tout en face de l'entrée, produit un grand et bel effet. On y fait aussi, chaque après-midi, d'excellente musique militaire. La police de ce jardin est fort bien faite et empêche que les cochers n'abusent de votre ignorance, sur leur droit d'arbitrage usurpé. En général, la police est bien faite à Rome.

Ce jardin est tout entouré de statues et des bustes des italiens célèbres. Les plantes y sont superbes de végétation. Les bosquets et les squares, remplis de fleurs, y charment la vue et l'odorat. Il y a de jolies fontaines d'un goût tout artistique ; entre autres celles de Moïse, qui, sous une autre forme, se trouve aussi en ville.

Finissons : galeries, jardins et musées, par ceux du Palais Colonna.

Le Musée est petit, c'est-à-dire peu de salons à visiter, mais d'un goût parfait. Après beaucoup de portraits des ancêtres de céans, l'école flamande m'a paru y dominer. Il y a aussi plusieurs tableaux de N. Poussin et des fresques fort belles ! Les salons sont fort jolis et quelques-uns sont remarquablement beaux ! par leurs ornementations et leurs magnifiques peintures. Les glaces, dans plusieurs, sont toutes enguirlandées de fleurs peintes avec un tel art, qu'on ne sait trop si ces fleurs ont été faites dans le coulage du verre, par un procédé tout mystérieux, ou si, vraiment, elles sont peintes dessus.

Je pense, disais-je à une dame, en admiration, comme je l'étais devant ces gracieux et coquets miroirs, qu'elles ont fleuri là... C'est d'un effet ravissant !

Ce palais Colonna qui a tant de salons, car le Musée ne les renferme point tous, a aussi de grands et curieux jardins : curieux par leur étendue et leur disposition. Ils enfourchent deux rues pour passer au-dessus et vont en s'élevant jusqu'au Quirinal, assez éloigné du Palais Colonna. Il s'y trouve quelques statues antiques, presque toutes brisées, cassées, dont les restes attestent encore la beauté. Plusieurs fontaines donnent de la fraîcheur à ces jardins. L'une d'elles, fort belle, avait au moment de ma visite tous ses jets arrêtés : ils paraissaient l'être même depuis assez longtemps.

Cependant à Rome les fontaines ne sont point comme à Florence, à sec. La belle et abondante fontaine de Trévi en est la preuve ; et tant d'autres : place d'Espagne, du Triton et du Moïse, etc., etc.

C'est au palais Colonna que réside l'ambassade française, près du St-Père. J'ai eu le bonheur, un matin, à une heure encore indiscrète, avant huit heures, de m'y présenter. Et Madame de Corcelles, notre ambassadrice, a eu la bonté bienveillante de me recevoir dans l'intimité du blanc petit bonnet de nuit, qui lui séyait vraiment bien. Et avec l'aimable et naturelle simplicité que possède, seule, la vraie grande dame, elle me reçut près de son lit, et me mit tout de suite à l'aise, comme une vieille connaissance. Et en effet, tout en causant, il me semblait bien reconnaître, avoir vu ce bon et spirituel regard. Mais où donc? Hélas! où l'on rencontrait pendant nos désastres, toutes les femmes de cœur et en particulier nos grandes dames. Madame de Corcelles faisait partie de l'ambulance de la Comtesse de Flavigny, dont elle me rappelait la grande simplicité et la parfaite bonté. C'est donc là que j'avais eu, déjà, l'honneur de la voir. Madame l'ambassadrice fit lever son fils, jeune homme à la taille élancée, ayant beaucoup de distinction ; et, dans le regard, avec la douceur, toute la bonté du regard maternel, sa mère lui dit de m'écrire la lettre que je venais demander, pour obtenir une lettre d'audience près du St-Père. Je fus heureuse d'obtenir aussi vite l'objet de mon aubade, mais confuse d'avoir réveillé si matin, mère et fils ; qui, l'une et l'autre, me paraissaient avoir besoin de ce repos matinal, fortifiant pour ces croissances extrêmes qui tendent à s'élever si haut! Madame de Corcelles était un peu souffrante et j'ai été assez heureuse pour la savoir assez bien au moment de mon départ.

La signature de M. de Corcelles, fils, m'obtint bon accueil au Vatican et ma lettre d'audience dès le lendemain.

J'avais déjà visité cet immense Palais à la richesse et au luxe tout artistiques! ce Vatican appelé la prison du Pape. Je ne pus m'empêcher de dire au secrétaire, qui venait de le nommer ainsi : Au moins c'est une prison spacieuse et bien dorée! Mais au mot d'insulte qu'encourrait le St-Père, s'il en sortait, mon étonnement fut indigné! Pourquoi insulter ce doux, ce noble et saint vieillard! qui paraît être si supérieur à toutes les misères, les haines et les vengeances qui s'agitent autour de lui ; et que les grands coups de foudre du sort ne doivent plus étonner! Lui, le représentant de Celui qui fut pauvre, persécuté et enfin crucifié..... Mais je suis tout à fait rassurée sur le bien-être, dont peut jouir, sans sortir du Vatican, Pie IX. Qui n'a lu, s'il n'a vu ce Palais, la description de toutes les merveilles qu'il renferme. Ces salles spacieuses, remplies de tableaux de tous les grands maîtres ! Ces toiles admirables signées Raphaël ! ! dont le divin pinceau a laissé les *stanze*, chambres. Ce sont de magnifiques fresques sur l'histoire de l'Ancien Testament et quelque peu du Nouveau. Les fresques de la chapelle sixtine par Michel-Ange : La Création et le Jugement dernier sont des œuvres incomparables ! Malheureusement, j'ai visité cette chapelle un peu tard. On espère toujours avoir le temps de revenir.... Et le lendemain et tous les lendemains qui me restaient encore à Rome, appartenaient à d'autres magnificences ! !... Là un Forum, un arc de Triomphe ! plus loin un aqueduc.... Je regrette énormément de n'avoir point vu la Bibliothèque du Vatican, d'où j'eusse vu les superbes jardins, promenade du pape qui, par comparaison, peut se trouver à l'étroit après avoir été Roi de Rome et des Etats qui en dépendaient.

Encore une fois, je crois que le génie de Pie IX, s'il sait que l'Eglise est une et inébranlable, même pour le pied des siècles, parce que J.-C. l'a dit, en lui donnant pour base le chef de ses apôtres, Pierre son successeur, sait aussi que tout change de figure suivant l'âge du siècle avec lequel nous sommes forcés de marcher. La religion elle-même en témoigne par divers changements. Et Rome, cette Rome des pontifes, où ils reposent tous sous le marbre des Dômes aux resplendissantes croix ! Dômes qu'ils ont fait élever pour rendre hommage à Dieu et pour nous rappeler, au milieu des pompeuses fêtes qu'on y célèbre, que nos âmes sont faites pour un séjour divin. Eh bien ! dis-je, cette Rome d'autrefois paraît devoir prendre aussi une face nouvelle, figure de l'époque où dominera le temporel. Il se pourrait que d'ici à la fin de ce siècle, une partie de ce qui reste encore de la vieille Rome païenne, et dont s'était servi le christianisme, eût disparu pour faire place à des monuments, des institutions d'utilité publique, quelques larges voies pourraient être tracées, ouvertes, à la place d'une multitude de ruelles, de petites vias, dont les maisons aussi demandent à être en harmonie avec la civilisation d'aujourd'hui.

Ces nouvelles vias ou rues seraient aussi plus en rapport avec les monuments qu'elles avoisinent. On dit, et je le crois, que Victor-Emmanuel a beaucoup à faire à l'intérieur de son royaume, si agrandi avec l'aide de la France. Beaucoup disent que le roi en est bien capable et se montre en tout digne de son grand rôle dans l'ordre des temps et de la civilisation. J'ai grandement admiré la belle et bonne tenue de ses soldats par toute l'Italie; la dignité des chefs et leur obligeance, dois-je aussi dire, car seuls, ils paraissent se souvenir que la France a versé vaillamment son sang à leurs côtés; nous y sommes bien oubliés aujourd'hui, pauvres Français! Mais en vérité les raisons qu'on en donne sur notre légèreté, notre ingratitude envers ceux qui nous font peuple grand! peuple héroïque! ne manquent point de justesse. ni de justice; passons sous silence ces tristesses.....

Il me faut quitter Rome; mais je ne veux point le faire, sans un mot de remercîment à l'obligeance, à la bienveillance tout aimable et à l'amitié même, qui m'ont été témoignées partout dans ce petit voyage et particulièrement à Rome et à Naples.

A Rome, Madame de Malinowska, mère désolée, pleurant, sanglotant toujours une fille unique, morte à sa première maternité, laissant toute une famille en larmes. Cette Dame a été fort bonne pour la voyageuse seule. Son fils aîné, qui l'accompagnait, m'a fait trouver le cabinet noir presque agréable, par les mélodies de son archet paganinien, mélodies qui arrivaient à mes oreilles pour les charmer! Oui, c'était bien l'archet de Paganini, acheté avec preuves authentiques par Monsieur Léonard de Malinowski. Je lui disais que l'âme du maître y était encore attachée, comme à son archet préféré peut-être. Toujours est-il que ce jeune gentleman jouait avec beaucoup de sentiment; et nous faisait entendre parfois d'exquises et ravissantes mélodies. Cet archet qu'une main si jeune sait si bien faire vibrer, promet tant! que je félicite ceux qui, dans quelques années, auront le bonheur de l'entendre et je regrette vivement de ne pas être du nombre, tout en me félicitant d'aujourd'hui. J'ai, par Madame de Malinowska, fait l'aimable et bonne connaissance de Madame Kobiakoff, russe, à l'esprit de son pays, c'est-à-dire liant, piquant, plein d'à-propos. Madame Kobiakoff était bonne, avec cette délicatesse qui laisse presque croire qu'en vous obligeant, c'est elle qui est votre obligée. Je lui dois également la connaissance de Madame Louvrier que j'ai retrouvée à Nice, avec un vrai plaisir. C'est une dame américaine dont on se plaît à *cultiver* la connaissance quand on a pu la juger.

De Rome à Naples, j'ai voyagé avec une dame anglo-belge, Van-den-Bruggen, son amie, Mademoiselle Diest et leur femme de chambre. Nous ne nous sommes guère quittées à Naples, où nous logions voisines, dans le même hôtel. Elles ont été d'une bonté parfaite pour moi qui étais seule.

J'ai passé, avec ces dames, d'excellentes journées dans ce Naples si vanté ! dont le ciel est radieux ! Combien, en présence de ce golfe aux eaux bleues comme son ciel, ai-je pensé à notre immortel Lamartine, dont on retrouve quelques gravures, la photographie dans toutes les grandes villes de l'Italie. C'est le seul de nos poètes que j'aie vu dans les vitrines. Je le répète, nous sommes si... oubliés,... pour ne pas dire un autre mot. Ah ! quand aurons-nous effacé cette tache que nous portons au front, ou au cœur, suivant la manière de voir et de sentir.

Parlons de toutes les ravissantes beautés de Naples, qui vraîment en est prodigue. Quand il n'y aurait que la vue du Vésuve, fumant toujours et dont le foyer envoie des flammèches, des étincelles, qu'une nuit obscure permet de voir. C'est déjà assez étonnant cette cheminée de la montagne à une élévation de 1198 mètres. Ne nous éloignons pas encore de Naples, dont je dis que la saison de l'année, comme celle de l'âge, contribue beaucoup à nous le faire voir comme Capri, tout en bleu et même tout en rose ! Allez donc voir Naples de vingt à quarante ans, en société plutôt qu'isolé ; et, avec les rayons que vous aurez dans le cœur, vous verrez, plus brillants et vous sentirez plus chauds ceux du soleil, qui font scintiller or et argent, tout ce paisible golfe saphir, paraissant endormi sous les tièdes douceurs de sa température napolitaine et sous les arômes puissants de toute cette végétation en perpétuelle éclosion, tout à l'entour de ses bords ; de toutes ces fleurs si parfumées dont se composent ces énormément gros et jolis bouquets, avec lesquels on vous salue et vous poursuit à chaque pas, dans les rues et les promenades.

A propos de promenade, combien est belle et suivie celle de la Riviera di Chiaia. C'est le rendez-vous de la bonne société, de la bonne musique, où il fait bon s'asseoir, non au mois de mars quand il y fait froid ou qu'il y neige aussi comme cette année ; mais en été qu'il y doit faire bon et beau, par une brûlante journée de cette saison, ou par une de ces resplendissantes nuits dont l'éblouissante clarté semble vous permettre d'atteindre aux étoiles, absolument comme le chapeau du spirituel auteur des *Guêpes*, qui piquent moins bien, il me semble, et pourtant il fait chaud, donc l'auteur craignit au premier aveu de la femme aimée, que son chapeau ne *décrochât la lune* en retournant à son logis, le coeur en ébullition par cet aveu. Oui, il doit faire beau et bon de passer quelques heures sur la promenade de la Chiaia, peuplée de statues aux mythologiques souvenirs et de tous les grands souvenirs italiens également. Là, le golfe est frais et bien ombré.

Le Musée national, le seul que j'aie vu, renferme de fort beaux tableaux ; partout des marbres, particulièrement, qu'on est heureuse d'avoir vus. Une mosaïque, unique par sa beauté et sa dimension, des bijouteries de meubles, bois et ivoire, travaillés avec un art, un fini des plus délicats ; des travaux grandioses, dans un ouvrage lilliputien. Tout cela fait avec un goût exquis. C'est parfait !

Sortons, en courant, de ce Musée, Madame Van-den-Bruggen, ou nous allons être enfermées ; Quel bonheur, Mlle Diest, d'avoir commencé par les marbres ! Comme nous aurions perdu à ne point les voir.

J'aurais presque à me servir de même encre pour

parler de certaines églises de Naples, que pour certaines de Rome ; aussi je me contenterai de nommer la cathédrale, qui, avec ses chapelles, renferme des trésors immenses ! comme arts, pierreries, marbres, mosaïques, porphyre, bronzes et peintures. Au premier rang celle de St-Janvier où les autels, les bas-reliefs, disent que les miracles y abondent.

Si j'ai grandement admiré Naples et quelques-unes de ses églises, je n'en ai point fait autant de la piété du dimanche et dans la ville et dans les églises, où le peuple ne semble guère disposé au recueillement ni à la prière, dans ces monuments élevés pour la pieuse intimité de l'âme avec Dieu. Dans l'église, on cause, on s'occupe de ses affaires, non spirituelles, tout cela un dimanche des Rameaux ! Et puis la ritournelle de tous ces mendiants, grands et petits, qui viennent tour à tour vous interrompre dans vos prières, de manière qu'il est impossible de suivre l'office.

Comme nous sommes pieux à Paris, qu'on accuse d'impiété, je dirai avec un bon vieux prêtre, qui connait son Rome et son Paris : Ceux qui prient dans cette dernière ville prient bien. La piété de ceux qui croient, est sincère et s'exprime religieusement et respectueusement et, j'ajoute : les églises sont plus remplies ; s'il s'y trouve des peu-croyants, ils n'insultent point, par leur manque de convenance, à la foi de ceux qui prient.

Comme l'a dit le poète des mélodies orientales V.H. : « La femme qui prie, est sacrée, même aux jaloux, même aux pervers. »

Si nous quittons Naples pour ses environs, nous ne serons point moins enchantée, une paranthèse, cependant « : Pourvu que nous n'ayons point trop de ces flots de poussière qui vous aveuglent et vous salissent à faire croire que vous faites partie de cette intelligente populace, la plus sale, je pense, qu'on puisse rencontrer sur ce globe ; ou bien encore, ne point trop voir sécher le macaroni par ces rues si !..... et par ces mains non moins si..... »

Ah ! soyons discrète, on ne pourrait plus manger du mets favori de l'immortel compositeur du *Barbier de Sé-*

ville, ni regarder sa statuette, rayonnante de joie en surveillant le plat patriotique ! Côtoyons, pour aujourd'hui, le bleu golfe et allons à la Solfatore de Puzzolles. Quelle ravissante promenade en allant par le Pausilippe ! Quelle vue superbement grandiose du golfe, des monts qui l'entourent et des îles aperçues dans le lointain : Cumes, Baïes, etc., etc. Oh ! le magnifique Panorama ! Mais quelle montée pour arriver au volcan éteint. La voiture et les chevaux y renoncent. Nous, il nous faut l'ascensionner.... Ouf ! nous y voilà !

Traversons tranquillement ce vaste cratère refermé, excepté à ce coin de lèvre, dont je m'approche. Je suis suffoquée d'abord, et par l'épaisse fumée et par l'odeur du souffre. En me baissant, j'ai moins de vapeur, et peux m'approcher du coin de gueule béant ! entendre les bouillonnements infernaux de l'intérieur et me brûler les doigts aux parois, en voulant détacher un morceau de terre sulfurée... Au milieu du parcours de ce volcan éteint, un homme très fort , soulève et laisse retomber une énorme pierre, qui fait résonner l'intérieur et nous assure qu'il n'y a point une profonde épaisseur entre nous et le gouffre sur lequel nous marchons.

Nous voici dehors, nous entrons dans l'établissement de bains de cette solfatore ; c'est assez curieux. On dit ces bains excellents pour les maladies de poitrine. Nous allons tout près, nous reposer et nous rafraîchir dans une vigne, où l'on nous sert, nous traduit notre guide Piétro, qu'avec le guide des étrangers à Naples, je recommande tout particulièrement, donc Piétro nous dit que c'est du Lacryma-Christi, doux, je sais qu'il n'a aucun rapport avec celui que j'ai goûté en France et en Belgique. Mais il nous est versé de bon cœur, à plein verre et pas trop cher, deux ou trois francs la bouteille, je ne me rappelle pas trop ce détail bacchique, et si je n'eusse deux fois passé mon verre à Piétro, le doux Lacryma supposé, *surnommé*, m'eût fait perdre tout à fait la mémoire. Un verre me suffit pour m'altérer plus que pour me désaltérer ; nous avions l'avantage d'être assises, mes compagnes et moi, près du puits de la maison et nous en profitâmes. Ces braves paysans qui nous invitèrent à cueillir les citrons que nous voulions leur acheter, nous laissèrent une bonne impression. La physionomie du propriétaire de cette vigne était des plus heureuses et nous inspira toute confiance.... Bref, en leur faisant le salut du merci, nous étions amis.

J'ai rapporté du vin du Pausilippe qui, après avoir voyagé en wagon pendant huit jours, bouteille entamée, n'était point altéré. De Puzzolles, nous sommes allées voir les ruines d'un vaste Forum, aux immenses débris.... Nous y avons vu les prisons de Néron, que sais-je encore ; plus loin un temple de Vesta. J'ai voulu, arrivée sur la Chiaia, au grand détriment de mes pieds, descendre de voiture pour aller voir la grotte où repose, censé, le prince des poëtes latins, saluer sa poussière.... Quelle côte à monter, à laquelle je ne m'attendais guère, pour arriver aux jardins de cette grotte. Et quelle pénible descente ensuite pour arriver à la grotte, bien négligée, qui m'a tout l'air d'un lieu de petite spéculation.

Malgré cela, j'ai déposé mon bouquet, heureuse d'avoir, par ce petit pèlerinage rendu, à travers les siècles, hommage au génie ! Rentrons pour ce soir fatiguée, outre force, à l'hôtel Anglo-Américain, où l'on a dîné sans moi. Il y a là, tout le long de la promenade Riviera Chiaia, quelques hôtels agréablement situés : celui-ci, l'hôtel du Louvre, de la Ville, de la Victoria et de Naples, Oh ! je commence à changer un peu d'avis sur les hôtels que jusqu'ici je vantais ; les appartements y sont généralement fort beaux. Les hôtels tiennent du Palais, plusieurs ; mais le service laisse beaucoup à désirer, particulièrement celui des chambres.

Reprenons notre promenade le plus matin possible, pour oublier ce service, ou ne le point voir faire, et allons voir Pompéï, sortie de son engloutissement : ce sont de curieuses ruines à visiter : places, théâtres, forum, cirque, maisons de riches patriciens, de personnages de distinction ! les bains qui sont remarquables aussi et nombreux ; les piscines sont fort curieuses. Tout a un caractère inattendu pour le visiteur, et l'on retrouve bien des noms consacrés par l'histoire. On ne s'en fait guère l'idée, avant la visite de ces ruines nettoyées, balayées, aux rues repavées çà et là, ville restaurée en un mot, tout en conservant l'empreinte de son âge, de son antiquité. Ce sont bien les ruines, quasi la ville, qu'avait engloutie le voisin du Vésuve, car ce n'est point le cratère vésuvien qui avait craché sa bitumineuse écume sur la ville en pleines fonctions de vitalité, quand elle fut étouffée sous cette cataracte de feu. Peut-être lui avait-il donné un coup d'épaule, entre voisins et dans un cas de cette importance.

Cette ville ressuscitée comme le Phénix, est parfaitement entretenue, aux frais de l'Etat. Il n'y manque qu'un chemin de fer, qu'une compagnie anglo-américaine entreprendra à quelque jour. En attendant il y a des chaises à porteur, à défaut d'omnibus. Ce sont d'anciens militaires blessés ou retraités qui sont les guides de cette Nécropole. Ils ne veulent et ne doivent recevoir aucune rétribution.

A la sortie, ils vendent, et on leur achète : on photographies des maisons, des endroits, des vues les plus remarquables, ou mille autre choses qui font partie de leur vente; ce sont les bénéfices qu'ils partagent entre eux.

On ne peut cependant point ne pas parler de San-Martino quand on l'a vu; de sa citadelle d'où la vue est merveilleuse! comme toutes celles qu'on a sur le golfe napolitain. C'est d'une montagne, d'un roc, plutôt, qu'est sortie cette citadelle, fort, prison aujourd'hui. C'est un travail étonnamment imposant! Tout auprès, est l'église de St-Martin, œuvre des moines, qui ont fait là des merveilles d'art religieux!

Cette église, ce couvent, dont les moines sont expulsés, est rentrée dans le domaine de l'Etat. C'est en grande partie maintenant, un Musée qu'on ne manque point de visiter quand on est à Naples. L'autel de l'église, fort riche, est de toute beauté. Les chapelles sont aussi remarquablememt belles, une en particulier, à gauche, en entrant du côté du chœur; en général ces chapelles renferment des chefs-d'œuvre. Il y en a une dans le couvent, tout en bois sculpté. C'est un travail rare par le fini de son exquise délicatesse! A voir toutes les scènes historiques, évangéliques de notre religion, vous diriez l'œuvre des siècles et c'est celui d'un seul moine, qui a passé quarante-cinq années de son existence d'artiste herculéen, à faire ce prodigieux travail, vrai chef-d'œuvre! Je regrette de ne point savoir son nom. L'un de nos peintres français, Lesueur, je crois, a peint, à fresque et de fort belles fresques, toute une chapelle en quarante-trois heures. Après toutes ces chapelles fort remarquables, où se trouve dans l'une le Christ de Ribeira, Christ qui conserve en mourant cette belle expression divine, qui ne fait point la grimace pour donner, à force d'amour, sa vie, afin de racheter l'humanité perdue, sans ce sacrifice surhumain. Ceux qui ne comprennent point cette grande pensée d'amour, qui doit rayonner sur les traits du Sauveur, devraient prendre pour modèle ce Christ au tombeau.

Après donc les choses saintes, le musée profane: Dans une des premières salles, les murs sont couverts par trois grandes batailles, dont le héros est le roi Murat !... On vient souvent les voir, nous dit le gardien. A la suite du musée de quelques tableaux, il y a la salle des faïences, des vases étrusques et autres: pierres. etc, toute la géologie se trouve dans une salle, suivie de celles où l'on peut étudier l'histoire naturelle, l'ornithologie particulièrement.

On nous a montré la lourde et grande voiture de gala qui fut celle de Charles d'Anjou, le roi aux vêpres Siciliennes, elle sert une fois par année et se promène par toute la ville à la grande fête de Naples.

Elle est richement et luxueusement ornée et décorée, C'est un monument presque, peu compréhensible aujourd'hui et fort incommode à déplacer.

Il y a dans ce Musée un moine en cire, si parfaitement exécuté par lui-même, qu'on s'en approche malgré son immobilité momentanée, croit-on.

On va lui parler, quand tout à coup la frayeur vous saisit en pensant qu'il est mort là, à cette place, subitement.

Le Campo-Santo de cet établissement mérite aussi sa part de la visite. La vue de cet endroit est aussi une des plus belles des environs de Naples qu'on voit sous un de ses plus jolis aspects.

Là, les soldats guides vendent encore les photographies des tableaux, des chapelles les plus remarquables de l'église et du couvent. Il faut aussi vous quitter Naples et revenir terminer la semaine Sainte à Rome.

AU VÉSUVE

Faisons visite à cet éternel fumeur qui, de loin, paraît enveloppé d'un vaste Waterprooff qui n'est autre qu'une immense mer de bitume de toutes les couleurs, d'après toutes ses éruptions. Quel prodigieux travail a fait cette lave en coulant et en se refroidissant : des cavernes, des monstres, des monts, des grottes, etc., etc. C'est une des choses les plus étonnantes qu'on puisse voir ! Et l'on ne manque jamais de descendre de voiture pour aller faire cuire des œufs aux endroits encore brûlants, que ne manquent point de vous indiquer les guides. On y a moulé Napoléon Ier dans l'éruption de 1871. Sa ressemblance est parfaite Il m'a été offert par un guide. Après avoir monté pendant deux ou trois heures, traînées par trois solides chevaux, et la voiture souvent poussée par les guides, on arrive à l'ermitage du savant, qui passe là ses jours et ses nuits, avec son vieux serviteur, pour tâter continuellement le pouls volcanique, c'est-à-dire avec la sonde, la cloche, tous les instruments nécessaiees à cette œuvre d'une étude aussi hardie que savamment curieuse. De là, il faut traverser, à pied ou à cheval, une forêt de pierres : soit une heure ou une demi-heure pour arriver au cône, au pied duquel se trouvent les guides, avec chaises à porteur. Et pour n'avoir point voulu prendre l'une de ces chaises, je suis revenue brédouille, n'ayant pu franchir ce cône, formé de cendres, qu'aux deux tiers. Deux de mes compagnes, jeunes il est vrai, une Belge et une Anglaise, l'ont escaladé jusqu'à l'ouverture du cratère ! Cette ascension faite par une magnifique journée, ne peut s'oublier. C'est un puissant souvenir incrusté avec tous ces étonnements, dans la mémoire !

Nous regrettons, en quittant Naples, d'être en semaine sainte. J'aurais si bien voulu revoir San-Carlo, entendre surtout la musique excellente que je n'y ai entendue qu'une fois. C'est là aussi qu'on voit toutes ces jolies Napolitaines, si élégamment parées ! Il y a, comme dans toutes les villes de l'Italie, des types admirables de parfaite beauté... peut-être encore plus à Rome qu'à Naples. Et les belles Vénitiennes ! A Rome, l'une des femmes les plus belles, les plus accomplies qu'il m'ait été donné de voir, c'est la duchesse de Gaëtana Donato, l'une des dames d'honneur de la princesse Marguerite. C'est dans son salon si parfait de goût pour l'ameublement comme pour l'ornement, que j'ai vu aussi un Murillo divin (un original). Un autre modèle de beauté dans sa parfaite distinction, c'est le marquis de Chitto que je nomme ici, à propos du nom de cette belle duchesse, qu'il prétendait n'être point mariée, tandis que la duchesse m'a dit que son mari était duc de San Donato et m'a parlé de ses fils, enfants que je regrette beaucoup de n'avoir point vus, d'après le joli portrait que m'en avait fait leur tante, la comtesse Rjeswewska, dont les jolies mains peignaient délicatement sur un Missel, des fleurs que j'eusse volontiers cueillies, en lui faisant ma révérence d'adieu, samedi. Je prends tristement congé, lundi, 6 avril, des bonnes connaissances faites pendant mon trop court séjour dans la ville Eternelle !

Remercions les belles hôtesses et le directeur de l'hôtel du Globe, St-Nicolas Tolentino, pour leur empressement à être agréables à leurs hôtes ; mais j'espère, dans leur intérêt, qu'elles auront à l'avenir de plus propres et de meilleures femmes de chambre.

Adieu, incomparable Roma !

Nous voici à Pise ce soir, lundi. Au petit jour, mardi 7, nous sommes à la cathédrale, j'y suis la première. Nous tournons autour de la tour penchée, avec ses six étages de même attitude de la base au sommet. Nous tournons également autour du Baptistère admirable ! Nous entrons au Campo-Santo, qui, à lui seul, mérite la visite. Comme le marbre sait gémir sur certaines tombes ! Comme il exprime profondément les regrets ! Là ce sont des pleurs silencieux qui disent une souffrance sans trêve : ici, c'est l'angoisse du désespoir ! Mais voici des anges radieux, dont le regard et les ailes disent et montrent le ciel ! Je regrette de n'avoir pu retenir tous ces noms d'artistes, la plupart modernes ; et qui pourraient bien, sinon faire oublier leurs aînés, prendre place à leurs côtés, au panthéon de gloire et d'immortels souvenirs !

Adieu encore une fois aux œuvres artistiques ! Arrachons-nous aux tombeaux de ces belles statues éplorées, et reposons nos regards sur la riante vallée, si pittoresquement encadrée, que traverse le chemin de fer de Pise à Pistoïa. Merci à l'employé de chemin de fer qui m'a fait additionner cinq francs, au voyage circulaire, pour me faire parcourir du regard cette charmante vallée, où l'air est embaumé. Tout y a l'air bosquets, promenades ; c'est là, en effet, que Pise fait ses excursions de fête dans cette fête perpétuelle de la nature.

A Pistoïa, j'ai le temps de visiter l'extérieur de la cathédrale ; l'entrée du Tribunal dont les murs sont recouverts, dans ce que nous nommons la salle des Pas-perdus, de dessins, de figures énigmatiques pour mon faible savoir. Beaucoup disent blason, devise ; ce sont sans doute les écussons, les sentences et devises des personnages qui, autrefois, habitèrent ce palais, tribunal d'aujourd'hui.

De Pistoïa à Bologne c'est la nature qu'on admire et qui vous étonne ! mais ce qui étonne encore davantage c'est la hardiesse des ingénieurs, on me les a dits français. Ces hardis tailleurs de railway ont tracé celui de Pistoïa à travers des montagnes gigantesques, les précipices, rien n'a pu arrêter leurs plans et leur audace ! C'est épouvantablement admirable ! vous courez comme l'électricité dans le ventre de cette formidable montagne ! Jonas fut dans celui d'un poisson qui le préservait, au moins, des flots, des engloutissements de l'Océan, mais nous n'étions préservés contre cet effrayant horizon que par la nuit des tunnels qu'à chaque instant nous traversions. On en compte quarante-un, nous dit un voyageur que je nommerai le voyageur aux beaux camélias, car il en avait de superbes, dont il eut l'amabilité de m'offrir pour partager avec ma compagne, une dame américaine. Quarante-une de ces nuits qui se succédaient avec une rapidité telle, qu'à peine avions-nous le temps de nous exclamer sur les épouvantes et les gigantesques beautés que nous apercevions aussitôt reparus au jour. Ces filets, ces ruisseaux d'eau descendent du haut de la montagne, déchirée, écartelée aux endroits de leur passage, était-ce le travail de leur filtration qui avait ainsi creusé, abîmé le rocher pour s'y faire passage ? ou plutôt le feu et l'eau n'avaient-ils point travaillé en commun à la tourmente de ces éboulements, de ces excavations formant : tantôt précipices, fontaines, torrents, amas d'eau quelconque, que le chemin de fer saute, pas à pieds joints comme on dit, mais à ponts lancés sur tous ces abîmes à des hauteurs vertigineuses ! quelle beauté dévergondée et sublime, pourrait-on dire, en regardant cette nature dans les efforts de son travail et dans ceux qu'elle a subis par la main de l'homme. Voici Bologne ! Il est dix heures, nous devons attendre jusqu'à minuit. Vite une voiture, visitons la ville aux flambeaux jusqu'à onze; nous eussions bien dû prendre un flambeau, en effet, il fait nuit noire à Bologne à dix heures, tout le monde dort déjà ? Comme on se couche tôt en Italie, c'est une remarque que je fais depuis que j'y suis. Dès neuf heures, chacun est chez soi dans cette saison. Je devrais dire deux : hiver et printemps, maisons, magasins, établissements publics, tout est fermé. Autre remarque, c'est qu'à Bologne on peut se passer de parapluie. Des arcades entourent les maisons et bordent les rues. Je rentre, il faudrait souper et je n'ai pas faim. Mais voici du saucisson, de mortadelle, il m'éveille l'appétit ; n'oubliez jamais d'en manger si vous passez par Bologne, amateurs de saucissons !

Je veux rentrer vite à Nice, c'est pour cela qu'on me retient cinq à six heures à Alexandrie, en faisant voyager mon sac de nuit, sans moi, dans une direction que mon billet circulaire ne me permet point de suivre.

Enfin, me voici de retour en France ; non, je ne suis qu'à San Remo, fort jolie petite ville, où je secoue la poussière du voyage et me repose une bonne nuit à l'hôtel d'Angleterre. Je salue la France à Vintimille et me voici à Monaco. C'est une jolie pierre précieuse, enclavée dans la France. Elle est fort élevée cette Principauté, qui reste suspendue à la montagne, comme si elle ne voulait prendre ni terre ni eau. J'entends cancaner sur la famille princière, sur les Princesses, surtout, n'en croyons rien, et n'en disons rien non plus. Je veux continuer à plaindre le Prince régnant, puisqu'il est aveugle ! Et j'apprends que la liste civile du Prince souverain, lui est payée par la Banque des Jeux de Monte-Carlo, un million. Comme tout cela est étrange. C'est, en somme, les fous de tous les pays qui payent la liste civile du Prince Charles. Je ne parle point des joueurs pour rire, qui perdent là, en passant et en s'amusant quelques napoléons ou quelques louis, quelques billets de cent francs enfin ; mais des acharnés, véritables fous, qui s'y ruinent et s'y tuent quelquefois aussi, désespérés de leur ruine. Il y a bien tout à côté des salons de roulette et de quarante-un, le salon d'excellente musique, comme antidote à la folie ; mais on se garde d'aller l'entendre, quand on est un de ces malheureux ou de ces malheureuses acharnés que tente la hasardeuse fortune ! Un bienfait de ces Jeux c'est que les sujets du Prince de Monaco ne payent plus d'impôt. Leur souverain leur en a fait remise. Il me semble que les autres souverains doivent trouver ce procédé d'un mauvais exemple !... Il est beau cependant de dire : J'ai assez ! partageons un peu.

Monte-Carlo est ravissant ! C'est un endroit plein d'appas et d'appâts. Le Crésus, souverain de ces lieux, M. Blanc, couvre de ses bienfaits tout le pays, dit-on, compensation aux malheurs que font ses roulettes !...

Mais encore une fois, rentrons à Nice nous reposer. Quelle surprise ! Nice est enchaînée depuis que je ne l'ai vue... Tout ce changement en six semaines : des chaînes ! des chaînes et partout. Essayons d'en briser un chaînon pour entrer au Jardin-Public, entendre la musique et saluer la Comtesse de Choiseul, trop dilettante pour ne pas y être, malgré ses 85 ans... Ouf ! je me pique ! Ces chaînes ne sont que guirlandes de roses heureusement ! Comme c'est joli ! gracieux ces douces teintes : roses et blanches, car c'est la couleur dominante de ces rosiers qui font duo dans leurs roses, à deux couleurs si délicates ! blanc et rose, rose et blanc, cela se répète pendant des kilomètres de haies, à droite, à gauche, sur toutes les promenades, dans tous les jardins et les délicieuses villas qui en ont des buissons, des bosquets. Comme c'est Printemps ces fraîches couleurs ! Et les touffes de Marguerites ! Quelles touffes ! Non, ce n'est point le mot, on ne se ferait point une idée de cette rotonde blanche, de ces milliers de rotondes hautes d'un mètre et larges de trois au moins. Combien d'autres fleurs : roses, rouges, éclatantes de beauté ! arbrisseaux tout en fleurs, curieux et curieuses en masse, qui regardent par dessus le mur et se plaignent que je ne les voie point. — Pardon, je vous sens bien ; vos parfums vous garantissent de l'oubli. — Ah ! répond un œillet malin, vous n'en pourriez dire autant de celles que vous vantez et admirez si bien pour leurs délicates nuances !

Aux unes l'éclat ! aux autres le parfum ! mais je vous aime et vous admire toutes, puisque vous avez nom : fleurs !

Et Nice est bien comme je l'ai dit en commençant : une enchanteresse, dont le soleil est un puissant Esculape qui ne se trompe point. Sa mer de saphir en scintille les rayons éblouissants: et ses vagues qui arrivent en se poussant et se pressant l'écume aux lèvres, comme si elles allaient se courroucer, n'ont aujourd'hui que des globules or et argent, qu'elles font scintiller en abordant la rive.

Que n'ai-je aussi, en abordant la fin de ma narration circulaire, quelques traits scintillants à faire briller à l'esprit de mes lecteurs et de mes lectrices, c'est supposer que j'en aurai. Non, je n'ai point cette présomption. Je me suis amusée à tenir ma plume quelques heures pour répondre à la curiosité des connaissances amies, et pour refaire, en l'écrivant, mon heureux voyage, puisque je ne peux faire bis que de cette manière.

PRÉFIN AU LIEU DE PRÉFACE.

Si j'ai des acheteurs je leur serai reconnaissante.

MARIE FRAISINE. LEPROUX.

Ce 1er mai 1874. Vve D. G. B.

www.ingramcontent.com/pod-product-compliance
Ingram Content Group UK Ltd.
Pitfield, Milton Keynes, MK11 3LW, UK
UKHW022147190726
13855UKWH00004B/1370

9 782013 461603